Violência, mas para quê?

goo.gl/DlLom

Violência, mas para quê?
Anselm Jappe

Tradução de Robson J. F de Oliveira

hedra São Paulo, 2013

Copyright desta edição © Hedra 2011
Copyright © Anselm Jappe

*Grafia atualizada segundo o Acordo
Ortográfico da Língua Portuguesa de 1990, em vigor no
Brasil desde 2009.*

Edição   Jorge Sallum
Coedição   Leda Cartum
Capa   Ronaldo Alves Filho
Imagem de capa   Foto manifestantes: Bruno Fernandes / Foto Polícia (coturnos): Dubes (não há um nome real)
Diagramação em LaTeX   Bruno Oliveira
Revisão   Ieda Lebensztayn

Todos os direitos desta edição reservados à
EDITORA HEDRA LTDA.
Rua Fradique Coutinho, 1139 (subsolo)
05416-011 São Paulo SP Brasil
+55 11 3097 8304
editora@hedra.com.br
www.hedra.com.br

Violência, mas para quê? é um artigo que foi publicado primeiramente na revista *Lignes* (nº29, maio de 2009) e é dedicado ao tema da violência na política. Anselm Jappe faz essas reflexões a partir do "Caso Tarnac", que ocorreu em 11 de novembro de 2008, quando nove anarquistas foram presos e acusados de terrorismo numa operação policial desmedida, na cidade de Tarnac, no centro da França. A coletânea de textos *Crédito à morte – A decomposição do capitalismo e suas críticas* (Hedra, 2013) inclui este artigo.

Anselm Jappe é filósofo, ensaísta e professor. Nascido na Alemanha, ele estudou em Roma e em Paris; é membro do grupo alemão *Krisis*, em cuja revista publicou diversos artigos, assim como nas revistas italianas *Il Manifesto* e *L'Indice* ou na francesa *Lignes*. É autor dos livros *As aventuras da mercadoria — para uma nova crítica do valor* (Paris: Éditions Denoel, 2003), *A vanguarda inaceitável: reflexões sobre Guy Debord* (Paris: Éditions Léo Scheer, 2004), entre outros.

Violência,
mas para quê?

Nunca vi tantos policiais quanto vejo atualmente na França, principalmente em Paris. Nem mesmo na Turquia na época da ditadura militar. Bem que se poderia pensar que um golpe de Estado estaria em marcha, ou que estaríamos num país que vive sob ocupação inimiga. Na Itália ou na Alemanha, não há nada que se compare no momento. E não são quaisquer policiais: têm um ar de brutalidade e de arrogância que desafia qualquer tentativa de comparação. Basta insinuarmos a mínima objeção, por menor que seja — por exemplo, diante de controles de documentos e da revista de bagagens antes do acesso a um trem, algo como nunca se viu —, para nos sentirmos prestes a ir para a prisão, ou levar golpes de cassetetes ou, finalmente, recebermos a acusação de "resistência frente à força pública". É até difícil imaginar como isso se dá quando se trata de alguém de pele mais escura, ou quando não é possível apresentar os documentos corretos.

Trememos de indignação quando lemos que policiais entram em escolas de ensino fundamental, sob o pretexto de procurar drogas, e aterrorizam crianças com cães e denunciam os professores que tentam proteger seus alunos. Ou quando ficamos sabendo das prisões brutais de jornalistas acusados simplesmente de "delito de opinião". Isso para não falar das condições nas quais se efetuam as expulsões dos *sans papiers*,[1] e do fato de que o ministério tenha fixado antecipadamente o número de infortúnios a serem criados, de destinos a serem espedaçados, à maneira dos números de produção e de prisões estabelecidos por decreto nos tempos da União Soviética (para a polícia).[2]

O que se evidencia é sobretudo a intenção de humilhar, colocada em prática com uma aplicação quase científica. Jornalistas já demonstraram muitas vezes a inutilidade dos controles nos aeroportos, ao embarcarem num avião levando consigo, sem problemas, facas ou componentes de uma bomba. No entanto, continuam a revistar os bebês nos aeroportos e a fazer os pais beberem suas mamadeiras; e todo mundo é obrigado a tirar o cinto. Toda vez que passo por isso, não consigo deixar de pensar no processo dos generais prussianos que tinham atentado contra a vida de Hitler em 20 de julho de 1944: para humilhar o máximo possível esses antigos aristocratas, os nazistas lhes tinham dado vestimentas por demais largas nas audiências, sem cintos, e se deleitavam vendo-os sustentando as calças com as mãos...

Não é preciso ler jornais revolucionários para tomar conhecimento dos estragos da polícia e da justiça; basta abrir o *Le Monde*. A inquietude se difunde, até no seio da burguesia liberal. Então, por que há tão poucas iniciativas pela defesa das "liberdades civis"? Assistimos a grandes manifestações pelo "poder de compra" ou contra a supressão de postos de trabalho na educação, mas nunca contra as câmeras de vigilância, e ainda menos contra o passaporte biométrico ou o "navigo"[3] no metrô parisiense que permite seguir o rastro de cada animal.

Essa onipotência da polícia e de uma justiça a serviço do governo é tendência universal: basta lembrar que a Grã-Bretanha, pátria da democracia burguesa, praticamente aboliu o *Habeas corpus* que prevê que uma pessoa detida deve ser apresentada em três dias diante do juiz e cuja introdução, em 1679, costuma ser considerada como o início do Estado de direito e da liberdade do indivíduo em face da arbitrariedade do Estado — uma abolição que soa como o encerramento simbólico de uma longa fase histórica. A tendência ao Estado policial parece, entretanto, mais desenvolvida na França do que em qualquer outra "velha democracia". O país foi muito longe no apagamento das fronteiras entre terrorismo, violência coletiva, sabotagem e ilegalidade. Essa criminalização de todas as formas de contestação não estritamente "legais" é um grande acontecimento em nossa época. Vimos ultimamente que fazer grafites ou ser responsável por algum atraso nos trens pode ser considerado "terrorismo". Professores se viram levados ao tribunal por terem protestado verbalmente contra uma brutal "recondução à fronteira" a que assistiram num avião. Os fatos já são conhecidos demais para serem repetidos aqui. A "democracia" é mais do que nunca puramente formal e se limita à escolha periódica entre os representantes das diferentes nuanças da mesma gestão (e até esse resto de escolha é viciado). Toda e qualquer oposição à política das instâncias eleitas que vai além de um abaixo-assinado ou de uma carta ao deputado local é por definição "antidemocrática". Em outras palavras, tudo o que poderia ser minimamente eficaz é proibido, mesmo o que ainda era permitido há não muito tempo. Assim, na Itália, o governo acaba de restringir fortemente o direito de greve nos serviços públicos e introduzir altas multas pelos *sit-in* nas vias onde há trânsito; os estudantes que ainda fazem protestos se viram qualificados como "guerrilheiros" por um ministro.

Nessa concepção da vida pública, toda e qualquer iniciativa cabe exclusivamente ao Estado, às instituições e às autoridades. Aliás, essa monopolização estatal de todas as formas de conflito também se encontra na vida cotidiana. De agora em diante, por toda e qualquer ofensa, por toda e qualquer contenda, recorre-se à justiça. A luta contra o "assédio" muito contribuiu para retirar dos indivíduos a capacidade de reagir pessoalmente aos desagrados causados por outrem, e isso os empurra cada vez mais a uma dependência total em relação às instituições. Não se responde mais a uma injúria com outra injúria, ou no limite com um tapa; mas preenchendo um formulário na delegacia. Desse modo, o que se pretende, principalmente no campo da esquerda, é defender os mais frágeis, em especial as mulheres; na verdade, isso os torna mais frágeis e dependentes do que nunca. Expropriam-nos as formas mais elementares de reação pessoal.[4]

Ao mesmo tempo, sabe-se que no Iraque os americanos deixam o trabalho sujo essencialmente a empresas privadas — os *contractors* — compostas de mercenários vindos do mundo todo. O número de "agentes de segurança" privados aumenta em toda parte. Na Itália, o governo Berlusconi, que fundamenta seu consenso largamente no racismo em relação aos imigrantes, identificados *in toto* à criminalidade, autorizou por decreto a formação de "rondas" de "cidadãos" para controlar o território. Ele até permitiu que isso fosse financiado por particulares, o que em perspectiva poderá conduzir a "esquadrões da morte", como na América Latina, pagos por comerciantes desejosos de que "limpem" seu bairro.

O reforço do monopólio da violência pelo Estado e sua transferência aos particulares não estão em contradição: a violência é o núcleo do Estado, e sempre foi. Nesses tempos de crise, o Estado se transforma de novo no que foi historicamente em seus primórdios: um bando armado. As milícias se tornam polícias "regulares" em numerosas regiões do mundo, e as polícias se tornam milícias e bandos armados. Por trás de toda a retórica sobre o Estado e seu papel civilizador, há sempre, em última análise, alguém que esmaga a cabeça de outro ser humano, ou que pelo menos tem a possibilidade de fazê-lo. As funções e o funcionamento do Estado variaram muito na história, mas o exercício da violência é seu denominador comum. O Estado pode ocupar-se do bem-estar de seus cidadãos ou não; pode garantir a educação ou não; pode construir e manter infraestruturas ou não; pode regular a vida econômica ou não; pode abertamente estar a serviço de um pequeno grupo ou de um único indivíduo, ou, ao contrário, afirmar servir ao interesse comum: nada disso é essencial. Mas um Estado sem homens armados que o defendam do exterior e que salvaguardem a "ordem" interior não é um Estado. Sobre esse ponto, podemos dar razão tanto a Hobbes quanto a Carl Schmitt: a possibilidade de administrar a morte permanece o pivô de toda a construção estatal.

No curso desses últimos séculos, o Estado pretendeu ser muito mais. Ele não quer só ser temido, quer também ser amado: por isso veio a se ocupar em escala historicamente crescente de uma grande quantidade de coisas que antes cabiam a outros atores. Mas desde que a valorização do capital começou a cortar os víveres do Estado, ele recuou e abriu mão de setores cada vez mais amplos, que eram próprios de sua intervenção. Quando não houver mais tantos enfermeiros ou professores no serviço público, haverá cada vez mais policiais.[5] Em tempos de crise, o Estado não tem mais nada a oferecer aos seus cidadãos além de "proteção", e ele tem portanto todo o interesse em perpetuar a insegurança que cria a demanda por proteção. O Estado pode privar-se de todas as suas funções, com exceção da manutenção da ordem. Essa já era a opinião do profeta do neoliberalismo, Milton Friedman: o Estado deve deixar tudo à iniciativa privada, salvo a segurança (é verdade que seu filho David quis ir ainda mais longe ao propor privatizar até o exercício da justiça. Mas isso já era demais, até mesmo para os liberais *hardcore*).

Desse modo, o Estado deixa cair

todos os belos ouropéis com os quais se revestira faz mais de um século. Mas não se trata de um passo para trás. A situação histórica é inédita: o Estado se alça à qualidade de *único senhor do jogo*. Nos últimos trinta anos, erigiu um arsenal de vigilância e de repressão que supera tudo o que já se viu, mesmo à época dos Estados ditos "totalitários". Já imaginamos o que teria acontecido se os nazistas e seus aliados tivessem à disposição os mesmos instrumentos de vigilância e de repressão das democracias de hoje? Entre câmeras de vigilância e pulseiras eletrônicas, amostras de DNA e controle de todas as comunicações escritas e verbais, nenhum judeu ou cigano teria escapado, nenhuma resistência teria podido nascer, todo fugitivo de um campo de concentração teria sido recapturado imediatamente. O Estado democrático atual está muito mais equipado do que os Estados totalitários de outrora para fazer o mal, para perseguir de perto e eliminar tudo o que possa fazer-lhe frente. Aparentemente, ele ainda não tem a vontade de fazer desses equipamentos o mesmo uso que seus antecessores; mas e amanhã? Uma lógica fatal empurra os Estados a fazerem tudo o que pode ser feito, tanto mais quanto são os gerentes de um sistema tecnológico que obedece à mesma lógica. E podemos vê-lo todos os dias no uso dos meios de repressão: as coletas de amostras de DNA, que no início eram utilizadas somente em casos mais graves, como os assassinatos de crianças, são agora aplicadas correntemente nos casos de roubos de *scooter* ou para os ceifadores voluntários, e finalmente para todos os delitos, menos para os financeiros (as boas almas de esquerda limitarão seu protesto ao pedido de extensão desse tipo de investigação também a esta categoria de delito, para lutar contra os "privilégios"). Pela primeira vez na história, os governos poderiam reinar sem partilha, apagando toda e qualquer possibilidade de um desenvolvimento futuro diferente do que preveem seus dirigentes. E se eles não forem tão previdentes assim?

A própria existência de uma dialética histórica pressupõe que o Estado de seu tempo não seja onipotente, e que outras forças possam emergir. Hoje, faz-se de tudo para tornar impossível uma mudança de direção. Entretanto, se olharmos os nomes das ruas presentes em todas as cidades da França, encontramos Auguste Blanqui et François-Vincent Raspail, Armand Barbès e Louise Michel, Édouard Vaillant e Jules Vallès... todos perseguidos em seus tempos, jogados na prisão, deportados, condenados à morte. Reconhecidos hoje, pelo próprio Estado (da boca para fora), como sendo aqueles que tinham razão *contra* o Estado de sua época. O Estado francês se baseia, em sua autodefinição, em duas ou três revoluções e na Resistência à ocupação alemã durante a Segunda Guerra — porém, se seus predecessores tivessem tido as mesmas armas que o Estado de hoje, esse Estado de hoje não existiria. Se o Estado pusesse em prática à risca sua lógica, deveria deixar uma chance a seus adversários... É claro que não vamos pedir ao Estado para respeitar sua própria retórica. Mas se ele quiser retirar dos seus inimigos reais e imaginários a mais ínfima capacidade que seja de agir e reagir, se se propuser a ser mais perfeito que todos os seus predecessores, se se instalar no "fim da história", as consequências poderão revelar-se catastróficas. O Estado tudo fez para que a única "alternativa" a seu reino seja a barbárie aberta. Ele prefere realmente ser julgado por seus inimigos a sê-lo por seus êxitos inexistentes, como já enunciara Guy Debord em seus *Comentários sobre a sociedade do espetáculo* de 1988. Toda política antiterrorista segue esse preceito, e os dirigentes da Argélia talvez o tenham aplicado melhor do que qualquer outro governo.

Portanto: o Estado declara que nenhuma mudança é mais possível, é pegar ou largar. Ele faz isso num momento histórico — início da verdadeira crise econômica, ecológica e energética na qual estamos afundando — em que será cada vez mais difícil para seus cidadãos aquiescer o curso das coisas, por maior que possa ser o hábito da submissão. Então, não se trata de justificar ou, ao contrário, de condenar a difusão de práticas classificadas como "ilegais" e o recurso que o Estado define como "violência". Pode-se simplesmente predizer uma coisa: vai ser muito difícil que os atos de contestação, que não deixarão de aumentar nos próximos anos, respeitem os parâmetros da "legalidade" concebidos precisamente no objetivo de condená-los à ineficácia.[6] Em sua fase ascendente, o movimento operário se colocava essencialmente — e era colocado por seus adversários — fora das leis da sociedade burguesa. Ele bem sabia que as leis não eram neutras, mas promulgadas por seus inimigos. A ascensão dos "legalistas" no seio do movimento operário, principalmente no fim do século XIX, era considerada por muitos outros adeptos como uma traição. Foi somente depois da Segunda Guerra Mundial que o Estado conseguiu ser plenamente aceito quase por toda a parte como uma instância de regulação que se mantém por cima do embate. Ao mesmo tempo em que as lutas sociais não visavam mais à instauração de uma sociedade totalmente diferente, limitando-se a ser apenas uma negociação acerca da distribuição do valor, o "respeito às regras" tinha se tornado costume na esquerda e marcava a linha fronteiriça em relação às minorias "extremistas".

Mas essas ilusões parecem estar definitivamente se dissipando. Não há mais margem de manobra. Ao mesmo tempo que o Estado não tem mais nada a redistribuir, a incitação à permanência na legalidade perde sua eficácia: falta a contrapartida, o bolo em troca da brandura. Pode-se, então, prever — e desde já observar — um forte aumento dos atos "ilegais" tais como ocupações, sequestros dos chefes de empresa, desmontes, destruições, bloqueios de vias de comunicação...[7]

Atos de sabotagem, portanto. E dá a impressão de que é isso o que as autoridades temem acima de tudo. Eficácia da sabotagem: se hoje os cultivos de plantas que contêm organismos geneticamente modificados (transgênicos) estão parcialmente suspensos na França, e se uma boa parte da opinião pública os recusa, isso ocorre graças aos "ceifadores voluntários", e não por causa dos abaixo-assinados. É significativo que o ministério do interior francês tenha inscrito, já faz alguns anos, a perseguição aos ceifadores entre as prioridades das forças da ordem. Uma desobediência em massa, uma sabotagem contínua, uma resistência duradoura — mesmo sem violência física — seria para os defensores da ordem reinante o *worst case scenario*. Eles preferem a violência aberta e o terrorismo: é o terreno *deles*. Eu mesmo escrevi na revista *Lignes* 25 (2008) que a sabotagem é uma forma possível de ação política, e na ocasião citei justamente os ceifadores noturnos e os desligamentos dos aparelhos biométricos. Nem imaginava à época o risco que corria de me encontrar alguns meses mais tarde na prisão, sob a acusação de ser um instigador do terrorismo.

Refiro-me, é claro, ao "caso Tarnac", ou seja, à prisão de onze jovens em novembro de 2008 acusados de terem sabotado as vias férreas. Aquele que a polícia considerou o "chefe", Julien Coupat, ficou cerca de seis meses na prisão, apesar da evidente falta de provas. Além do mais, a polícia os apresentava como os autores de um opúsculo intitulado *A insurreição que se aproxima*, publicado em 2007 por um "Comitê invisível" (o que, para além do aspecto policial, nem mesmo é negado pelos que *torcem* por eles). A indignação em relação ao Estado que os deixa mofando na prisão para "dar o exemplo" não é suficiente para evitar a surpresa diante da ingenuidade dos autores de *A insurreição que se apro-*

xima: eles deveriam ter, paradoxalmente, muita confiança na democracia para crer que poderiam, num momento histórico como o nosso, evocar em seus escritos atos de sabotagem à SNCF sem, no fim das contas, sofrer algumas consequências. Mas onde eles pensam que estão vivendo? Na Inglaterra do século XIX? O drama vivido por eles é terem encontrado policiais e juízes bastante cínicos a ponto de entender à risca os fantasmas de violência que expressavam, a ponto de fingir considerá-los tão perigosos quanto sonhavam ser e puni-los pelo que desejariam ter feito... Um pouco como o que aconteceu com Toni Negri na Itália em 1979. E a angelização promovida por seus defensores vai às vezes um pouco longe demais: por que se surpreender com o fato de os investigadores terem tentado apresentar Coupat como uma espécie de Charles Manson, se em *Tiqqun*, revista da qual era redator, era possível ler: "Foi na Alemanha, o movimento de 02 de junho, a Rote Armee Fraktion (RAF) ou os Rote Zellen, e nos Estados Unidos, o Black Panther Party, os Weathermen, os Diggers ou a Manson Family, emblema de um prodigioso movimento de deserção interior".[8] Ou ele vai dizer que era só brincadeira e que não precisa odiá-lo por isso? É pouco provável que Coupat seja um Charles Manson, mas é bastante provável que sua capacidade de fazer análises históricas não vá além das que se exibem num debate de televisão.

Aparentemente, a tacada foi malsucedida para o Estado, e tudo indica que os acusados se livrarão de qualquer suspeita.[9] Além do mais, eles deram o que falar por toda parte e receberam muitos apoios, de camponeses de sua localidade e até de parlamentares, além dos editoriais do *Le Monde*. Mas o golpe estatal foi exitoso, se a intenção era abafar ainda no embrião toda e qualquer tentação de recorrer em massa à sabotagem e anunciar a grandes toques de trombetas a "tolerância zero" para as formas de resistência — os atos de guerra de baixa intensidade — que poderiam nascer nos movimentos sociais em formação. Um verdadeiro "terrorista" não se assusta com alguns meses de prisão; já um cidadão médio exasperado, tentado a agir uma vez ou outra, ao pensar que "não tem nada demais, não vou matar ninguém", poderá deixar de ir adiante se houver o risco de passar uns meses na prisão. E se a humilhação sofrida e a raiva empurrarem novamente alguém para a luta armada, o Estado se regozijará por se encontrar diante de inimigo pelo qual nutre maior afeição.

Em contrapartida, o que o Estado teme são movimentos sem chefe e que fogem do enquadramento. O ministro da Educação da França teria abandonado, no final de 2008, seu projeto de reforma do ensino médio por causa da violência crescente e, principalmente, incontrolável (por parte das organizações estudantis e dos líderes) das manifestações dos secundaristas, e por causa do exemplo da revolta da juventude na Grécia, que parece ter causado fortes impressões nos governantes franceses.[10]

Mas é de se esperar que a "violência" não tome a forma de que falam os autores de *A insurreição que se aproxima*. Eles difundem,

como já o faziam seus predecessores da revista radical-chic *Tiqqun*,
a ideia simplória de que é possível tornar a barbarização crescente
uma força de emancipação. São fas-
cinados pelo caos que se desenha
e querem jogar lenha na fogueira
da barbárie,[11] em vez de apostar
nas qualidades humanas que talvez
representem a única via de saída
dessa mesma barbárie. Contrari-
amente à ideia feita, não há nada
de "anarco-comunista" na *Insurreição que se aproxima*, nem de mar-
xista. Veem-se aí, antes do mais,
Heidegger e Schmitt: a "decisão",[12]
a vontade sem conteúdo que também está no coração da política do
Estado. Eles querem simplesmente

opor sua vontade à do Estado, ser os mais fortes, bater com o punho na mesa de forma mais barulhenta. Sua desventura judiciária corre o risco de transformá-los em mitos entre os contestadores. Mas mesmo no plano da literatura, a apologia que fazem ao crime gratuito sofre da falta de arejamento, mais de sessenta anos depois de André Breton ter reconsiderado (numa entrevista de 1948) suas ideias sobre "O ato surrealista mais simples".[13]

Em face da sabotagem ou de outras formas de "violência", a questão continua sempre a mesma: quem exerce e com qual objetivo? A esquerda radical não raro confundiu violência, mesmo empregada com objetivos absolutamente imanentes à lógica mercantil, tais como as reivindicações salariais, com "radicalidade". A sabotagem poderá muito bem vir a se confundir com a afirmação violenta de interesses particulares e provocar reações igualmente violentas do outro lado: assim, os que exploram cultivos de transgênicos, levados à ruína pelos ceifadores, não se sentindo defendidos pelo Estado, poderiam recorrer a empresas de segurança privadas. O caráter emacipatório de um movimento de oposição, mesmo começando em boas bases, nunca é garantido — haverá sempre o risco de queda num "populismo" que "supera qualquer clivagem esquerda-direita". A transformação de certos movimentos de resistência ao Estado em máfias que lutam somente por si próprias (como as FARC na Colômbia) é altamente significativa. E quando as "comunas" de que fala *A insurreição* (e cuja concepção lembra um pouco alguns dos *survivalistas* norte-americanos[14] que se prepararam para o apocalipse) constatarem que o resto da população não está trilhando o mesmo caminho, passarão a combater somente por sua própria conta. Não será o primeiro caso na história recente.

Já neste momento, em vez de uma crítica do funcionamento do capitalismo — logo, do valor, do dinheiro, do trabalho, do capital, da concorrência ——, assiste-se a uma "caça a executivos", a ataques a suas mansões, a sequestros,[15] irrupções nos restaurantes de luxo. Não são necessariamente os "proletários" os mais inclinados à violência, mas principalmente os pequenos e médio-burgueses: poupadores enganados, proprietários cujas casas foram apreendidas. No momento em que lhes derem satisfação, voltarão à obediência da ordem e farão patrulha diante de suas casas com fuzis para defendê-las de outros "predadores". É muito menos provável ver surgir uma revolta popular contra um "projeto de desenvolvimento" causador do corte de uma floresta do que contra um especulador da bolsa de valores que talvez não tenha roubado, no fim das contas, mais do que um euro de cada cidadão. Não haveria uma inveja escondida nessa raiva? Não haveria simplesmente um desejo de ser como eles? Poderemos chegar aos massacres de dirigentes e de seus subalternos, como deseja *A insurreição que se aproxima*, e assim preparar uma nova arrancada do mesmo sistema após um derramamento de sangue. Uma outra caça ao vigarista e a seus cúmplices políticos, no "caso Stavisky", levou em seu tempo, 1934, a extrema direita ao assalto contra o Parlamento.

"Pode-se encontrar entre os inculpados [dos atos de revolta nos subúrbios] todos os tipos de perfis cuja unidade se baseia somente na raiva contra a sociedade existente, e não na pertença de classe, raça ou bairro", diz *A insurreição que se aproxima*.[16] Que seja. Entretanto, o fato de detestar a sociedade existente também não quer dizer nada; é preciso ver se isso ocorre por boas ou más razões. O islamista também é movido pelo ódio a essa sociedade, e os torcedores fascistas nos estádios de futebol gritam *"All cops are bastards"* [Todos os policiais são espúrios]. Os negristas também acreditam em alianças — perfeitamente imaginárias — entre todos os inimigos deste mundo, do kamikaze palestino ao professor em greve, dos habitantes dos subúrbios parisienses aos menores bolivianos — tomara que isso vá pelos ares... Os sentimentos de rejeição engendrados pelo mundo de hoje estão por vezes muito mais próximos do "ódio desencarnado" (Baudrillard) e sem objeto do que da violência tradicional, e dificilmente podem ser incluídos numa estratégia "política", qualquer que seja. E se a guerra civil — a verdadeira — explodisse, não é difícil imaginar quem seriam os primeiros a serem acordados em plena noite e colados ao muro sem qualquer cerimônia, enquanto as mulheres seriam estupradas e as crianças levariam tiros...

É possível odiar o existente em nome de algo ainda pior. É possível detestar Sarkozy e preferir Mao ou Pol Pot. O sentimento de humilhação, a impressão de ter que se submeter sem poder reagir podem levar tanto à subversão inteligente quanto também aos massacres nas escolas ou nas câmaras municipais. O que ecoa na maioria dos protestos atuais é acima de tudo o medo de se encontrar excluído da sociedade e, assim, o desejo de ainda fazer parte dela. Aquilo de que se quer fugir hoje, em geral, não é mais da "adaptação" a um enquadramento social julgado insuportável, como em 1968 e depois, mas da marginalização em uma sociedade que se reduz como a *Pele de Onagro*.[17]

Admirar a violência e o ódio enquanto tais ajudará o sistema capitalista a descarregar a fúria de suas vítimas em bodes expiatórios. Muitas coisas se degradaram, a violência e a ilegalidade também. É muito provável que a couraça da "legalidade" não demore a se estilhaçar, e não há o que lamentar. Mas nem todas as razões que empurram à violência são boas. Talvez a violência só devesse encontrar-se nas mãos de pessoas sem ódio e sem ressentimento. Mas será isso possível?

NOTAS

[1] *"Sans papier"* é uma expressão francesa para os estrangeiros que se encontram em situação irregular no país. [N.d.T.]

[2] *Amnesty international* publicou em 2009 um relatório intitulado "França: policiais acima das leis" que confirma todas essas impressões.

[3] *Passe Navigo* é o nome do cartão de passagens com chip na França. Funciona com tecnologia de radiofrequência, que capta e memoriza dados à distância. [N.d.T.]

[4] Seguramente, a diabolização da violência nas relações cotidianas apenas faz com que ela se desloque para outro lugar. O sociólogo alemão Götz Eisenberg, que analisou os massacres nas escolas na Alemanha, sublinha que os atores desses atos não provêm de "regiões complicadas" ou de meios proletários ou subproletários, nos quais certa violência faz parte da vida, mas das classes médias, das famílias "sem histórias", em que toda expressão das tensões sob forma de violência é tornada tabu. Os *videogames* violentos florescem nesses meios

e podem desembocar finalmente no desejo de transportá-los à realidade. O público sente de modo obscuro que essas matanças, chamadas comumente *amok*, indicam-nos uma verdade escondida e que os atores dos massacres — que em geral cometem suicídio ao final de sua "missão" — expressam essa pulsão de morte que ronda, de uma maneira ou de outra, todos os sujeitos da mercadoria (Gotz Eisenberg, *Amok – Kinder der Kälte. Über die Würzeln von Wut und Hass* [Amok – As crianças do frio. As raízes da raiva e do ódio], Reinbeck, Rowoht, 2000, e *...damit mich kein Mensch mehr vergisst! Warun Amok und Gewalt kein Zufall sind* [...assim, ninguém me esquerá mais! Porque o amok e a violência não são fruto do acaso], München: Pattloch, 2010.

[5] Ou policiais mais bem equipados, já que a substituição do homem pela tecnologia atinge até mesmo as forças da ordem. Mas nunca faltará um representante da "esquerda" para pedir que o Estado invista na "polícia comunitária" em vez de investir na polícia *high-tech*, ou para saudar os policiais que exprimem seu ceticismo perante as "derivas securitárias" do

governo, lamentando o fato de não lhes garantirem os meios para agir com eficácia.

[6] As questões de legitimidade, mais do que de legalidade, vão ser colocadas de uma forma renovada. É possível que vejamos novamente acusados que, em vez de sempre proclamar sua inocência em termos de lei, defenderão diante dos tribunais com orgulho o que fizeram e aceitarão as consequências. René Riesel deu um exemplo disso no processo que adveio após sua participação na destruição de parcelas de cultivos transgênicos e durante seu encarceramento. (Ver RIESEL, R. *Aveux complets des véritables mobiles du crime commis au CIRAD le 05 juin 1999, suivis de divers documents relatifs au procès de Montpelier* [Confissões completas dos verdadeiros móveis do crime cometido no CIRAD em 05 de junho de 1999, seguido de diversos documentos relativos ao processo de Montpelier], Paris: Éditions de l'Encyclopédie des Nuisances, 2001. A grande maioria dos revolucionários históricos entravam e saíam da prisão sem emoções desmesuradas.

[7] Políticos como Olivier Besancenot — que, depois das prisões dos "onze de Tarnac" por

supostas sabotagens de uma linha de trem bala na França (TGV), logo declarou que os militantes de seu partido jamais fariam algo do gênero — correm o risco de perder o controle sobre sua "base". Destino histórico dos subleninistas.

[8] "Parti imaginaire et mouvement ouvrier" [Partido imaginário e movimento operário], *Tiqqun*, nº 2 (2001), p. 241.

[9] Pode-se notar particularmente a inteligência política e histórica do ministro do Interior do momento, Michèle Alliot-Marie, que se deu conta, quarenta anos após 1968, do fato de o Partido Comunista Francês não atrair mais os contestadores, confirmando, assim, o papel que teve o partido nos acordos de Grenelle no *containment* da contestação social.

[10] "É preciso provavelmente colocar na conta da 'síndrome grega' o recuo feito por Xavier Darcos em relação à reforma do ensino médio. Depois da 'consulta' e da 'concordância' do chefe do Estado, o ministro da Educação decidiu adiar por um ano a reforma do ensino secundário, dando uma pirueta tão espetacular quanto inesperada [...] É aí que se pode

falar de uma 'síndrome grega'. Em outras circunstâncias, isto é, sem a crise econômica, que traz de volta o peso de fortes ameaças quanto à inserção dos jovens; sem a situação tensa nos subúrbios, que cria o temor de uma explosão de violência cujo pavio pode ser aceso por uma pequena intervenção da polícia; sem o exemplo da Grécia, que cria o medo de uma revolta dos jovens, que se acendem por uma ínfima faísca; é provável que o ministro da Educação não tivesse cedido tão rapidamente assim. Um debate sobre este ponto agitou todo o governo. Os mais prudentes ganharam julgando a situação já muito tensa para que fosse necessário acalmar o jogo. Não é tanto a amplitude do movimento secundarista começado há uns quinze dias o alvo de preocupação, mas o fato de ele ser em grande medida espontâneo, não se encaixando muito bem nos parâmetros, e às vezes violento." F. Fressoz, "Réforme du lycée: un recul symbolique" [Reforma do ensino secundário, um recuo simbólico], *Le Monde*, 16 de dezembro de 2008.

[11] "A regularidade do funcionamento mundial engloba em tempo normal nosso estado

de desapossamento propriamente catastrófico. O que é chamado 'catástrofe' não passa da suspensão forçada desse estado, um desses raros momentos em que ganhamos de novo alguma presença no mundo. Que cheguemos antes do previsto ao esgotamento das reservas de petróleo, que se interrompam os fluxos mundiais que mantêm o tempo da metrópole, que vamos ao encontro de grandes desregramentos sociais, que venha o 'enselvajamento' das populações", a "ameaça planetária", o "fim da civilização"! "Qualquer [!] perda de controle é preferível a todos os cenários de gestão de crise" (Comitê invisível, *L'Insurrection qui vient* [A insurreição que se aproxima], Paris: La Fabrique, 2007, p. 66).

[12] "É um *fato*, é preciso fazer dele uma *decisão*. Os fatos são escamoteáveis, a decisão é política. Decidir a morte da civilização, ter o domínio de *como* isso acontece: somente a decisão nos livrará do peso do cadáver." (*L'Insurrection qui vient, op. cit.*, p. 79-80)

[13] Numa entrevista de 1948, reproduzida nas *Entretiens de 1952* [Entrevistas de 1952]. (Gallimard).

[14] Com técnicas de sobrevivência, noções elementares de medicina, estocagem de alimento, construção de abrigos e aprendendo a se alimentar em meio selvagem. [N.d.T.]

[15] Que não parecem ser tão raros, embora pouco explorados na mídia para evitar o efeito de imitação, e ainda não chegam ao nível das práticas sul-coreanas, em que os operários às vezes jogam seus patrões do décimo andar ou os banham em gasolina.

[16] *L'Insurrection qui vient, op. cit.*, p. 8.

[17] Romance de Honoré de Balzac. A força sombria do livro, com características de realismo fantástico, mostra que a existência humana, próxima do fim, é patética.

Adverte-se aos curiosos que se imprimiu esta obra em nossas oficinas em 21 de junho de 2013, sobre papel Ofsete 90 g/m², composta em tipologia Walbaum Monotype, em GNU/Linux (Gentoo, Sabayon, Ubuntu e LinuxMint), com os softwares livres LaTeX, DeTeX, VIM, Evince, Pdftk, Aspell, SVN e TRAC.